Dieser Sammelband enthält die Bände:
Sibylle Rieckhoff/Sophie Schmid: *Probier's mal mit Entschuldigung*
Sibylle Rieckhoff/Christiane Hansen: *Gleich räum ich auf und bin gaaanz leise, versprochen!*
Christian Seltmann/Iris Hardt: *Auch Drachen können höflich sein*

3. Auflage 2017
© Arena Verlag GmbH, Würzburg 2016
Alle Rechte vorbehalten
Texte: Sibylle Rieckhoff, Christian Seltmann
Illustrationen: Sophie Schmid, Christiane Hansen, Iris Hardt
Coverillustration: Betina Gotzen-Beek
Gesamtherstellung: Westermann Druck Zwickau GmbH
ISBN 978-3-401-70776-1

www.arena-verlag.de

Sibylle Rieckhoff · Christian Seltmann

Probier's mal mit Entschuldigung

Drei Bilderbuch-Geschichten über gutes Benehmen

(und andere wichtige Dinge)

Arena

Sibylle Rieckhoff   Sophie Schmid

Probier's mal mit Entschuldigung!

Oh nein!

Wenn man ihn ärgert, wird Romeo böse.
Und wenn man ihn im Schlaf stört, auch.
Nichts wie weg!, denkt sich Luki.
Weglaufen wird wohl das Beste sein.

Eigentlich konnte Luki gar nichts dafür,
die dumme Nuss ist ihm aus den Pfoten gerutscht.
Und wenn Romeo irgendwo rumliegt und pennt,
dann ist das auch nicht Lukis Schuld.
Er muss kein schlechtes Gewissen haben,
alles ist in Ordnung.
Oder?

Luki hat ein mulmiges Gefühl im Bauch
das gar nicht wieder weggehen will.
Vielleicht plant Romeo ja ...

Romeo hat Luki ja gar nicht gesehen.
Oder hat er vielleicht doch?
Irgendwer wird Luki verraten.
Irgendeiner, der ihn nicht mag.

Der starke Romeo hat viele Freunde,
denn es ist nicht klug, ihn zum Feind zu haben.
Deshalb wird niemand Luki beschützen,
keiner will für den Schwächeren sein.
Alle haben Angst.
Luki würde das niemals so machen,

ehrlich!

„Der war's!
Der ist sowieso immer frech!"

Bestimmt wird Romeo ihn suchen!
Wer kriegt schon gern eine Nuss auf den Rüssel?
Und sicher hat er viele Ideen,
um den Störenfried zu finden.
Man kann von Wildschweinen halten,
was man will:
Dumm ist Romeo nicht.

Verbrecher mit gefährlicher Nuss gesucht!!

Romeo ist erfinderisch,
er wird sich einiges einfallen lassen.
Und ganz bestimmt nicht, um lieb zu fragen:
„Wollen wir was spielen, kleiner Luki?"
Mit spielen hat Romeo nicht viel am Hut.
Und lieb ist er schon gar nicht!

„Ach", seufzt Luki, „hätte ich doch nur
einen Umweg genommen
über einen anderen Baum.

Oder die Nuss
besser festgehalten.

Oder gar keine
harten Nüsse gesucht!

Genau. Ab jetzt gibt's weiche
Stachelbeeren,
die bringen keinen Ärger.
Wenn ich doch nur alles anders
gemacht hätte!"

Aber vielleicht ist ja auch
alles ganz anders?

Vielleicht ist Romeo verletzt,
an seiner Seele und an der Nase.
Vielleicht hat die Nuss ihm wehgetan,
und er kann jetzt nicht mehr riechen.
Dann findet er keine Kartoffeln mehr
und wird nie wieder leckere Trüffeln erschnüffeln.
Muss hungrig den Winter überstehen, einsam und allein ...

Oje, armer Romeo!

Luki muss wirklich verschwinden.
Irgendwohin, ganz weit fort.
Wo man von Wildschweinen noch nie was gehört hat
und niemals etwas hören wird.
Es gibt solche wunderbaren Orte, bestimmt.

Aber der Weg dorthin ist lang,
und eigentlich muss schnell was geschehen.

„Versteck mich!",
bittet Luki den Hasen.
Im Hasenbau wird Romeo ihn nicht suchen,
da passt er gar nicht rein.
Der Hase würde Luki ja wirklich gern helfen,
aber im Hasenbau ist es sowieso schon
viel zu eng.

Dafür hat er eine andere Idee.
„Ich bring dir jetzt ein Zauberwort bei,
und dann gehen wir beide zu Romeo.
Sollst mal sehen:
Alles wird gut."

So ein dummer Vorschlag!, denkt Luki.
Als ob ein einziges Wort was nützt
bei jemandem wie Romeo.
Hah! Das wüsste Luki aber.
Und andererseits:
Viel schlimmer kann es auch
nicht mehr werden.
Also ... vielleicht wagt Luki doch ...
einen klitzekleinen ... Versuch?

„Das ist ja ein netter kleiner Kerl", brummt Romeo,
„und mutig ist er auch."
Dem kann er bestimmt verzeihen.
Nur was? Egal.
Verzeihen ist ja nie verkehrt, wenn einer sich so lieb entschuldigt.
Damit kann man nichts falsch machen als anständiges Wildschwein.
„Geschenkt!", sagt Romeo lässig.

Nun ist Luki aber froh!
Der Hase ist doch ganz schön schlau.
Vielleicht ist Romeo sogar so großzügig
und gibt ihm seine Nuss zurück?
„Das kleine Ding, das von oben kam?", fragt Romeo.
Jetzt fällt's ihm wieder ein.
„Das ist schon lange da drin.
Hat nicht besonders gut geschmeckt."

So ein starkes Stück, findet Luki.
Man frisst doch anderen nichts weg,
das tut man einfach nicht!
Dafür könnte Romeo wirklich mal ...

„ENTSCHULDIGUNG!"

„Geschenkt!"

„Ich wusste ja nicht, dass die Nuss dir gehört, Luki", sagt Romeo.
„Komm, wir suchen eine neue.
Aber muss es denn unbedingt eine Nuss sein?
Wie wär's mit einem leckeren Apfel?
Oder einer Möhre? Eine köstliche Kartoffel vielleicht …?"
Mal sehen, was sie zusammen so finden.
Irgendetwas Schönes bestimmt!

Sibylle Rieckhoff   Christiane Hansen

Gleich räum ich auf und bin gaaanz leise, versprochen!

Eddi ist bei allen beliebt. Kein Wunder: Er ist auch ein richtig netter Kerl. Nur eine Sache finden die anderen an Eddi ziemlich doof: Er hält einfach nicht, was er verspricht.

Da ist zum Beispiel Lottas Stall.
Na klar muss man den sauber machen.
Das hat Lotta einfach verdient,
schließlich ist sie das beste Haustier
der Welt.
„Ich mach das", sagt Eddi zu Papa.
„Wenn ich Zeit habe. Versprochen!"
Aber immer kommt Eddi etwas Wichtiges
dazwischen.

So ähnlich ist das auch mit dem Ohrenwaschen. Schmutzige Ohren sind nicht hübsch, das sieht Eddi völlig ein.
„Große prächtige Ohren müssen ganz besonders gepflegt werden", hat schon Opa immer gesagt.
Aber hat Eddi wirklich versprochen, dass er sie jeden Morgen putzen wird, freiwillig und ohne Krach? Daran kann er sich gar nicht erinnern.

Und auch nicht daran, dass er
aufräumen wollte.
Mama ist leider viel zu streng, findet Eddi.
Sie sagt: „Alte Socken kommen
in den Wäschekorb, Gummikatzen
in die Spielzeugkiste. Nicht umgekehrt!"
Das ist eigentlich nicht schwer.
Aber schrecklich langweilig!
Deshalb hat Eddi es bestimmt nicht
versprochen. Oder wenn, dann vor
langer Zeit. Das gilt ja nicht ewig, oder?

Eddi kann sich gut benehmen.
Wirklich wahr.
Und genau das wollte er bei Tante Eulis
Geburtstag auch tun. „Versprochen!"

Doch manchmal machen die Dinge
rund um Eddi einfach, was sie wollen.
Da kann Eddi gar nichts dafür, auch wenn
Tante Euli etwas anderes behauptet.

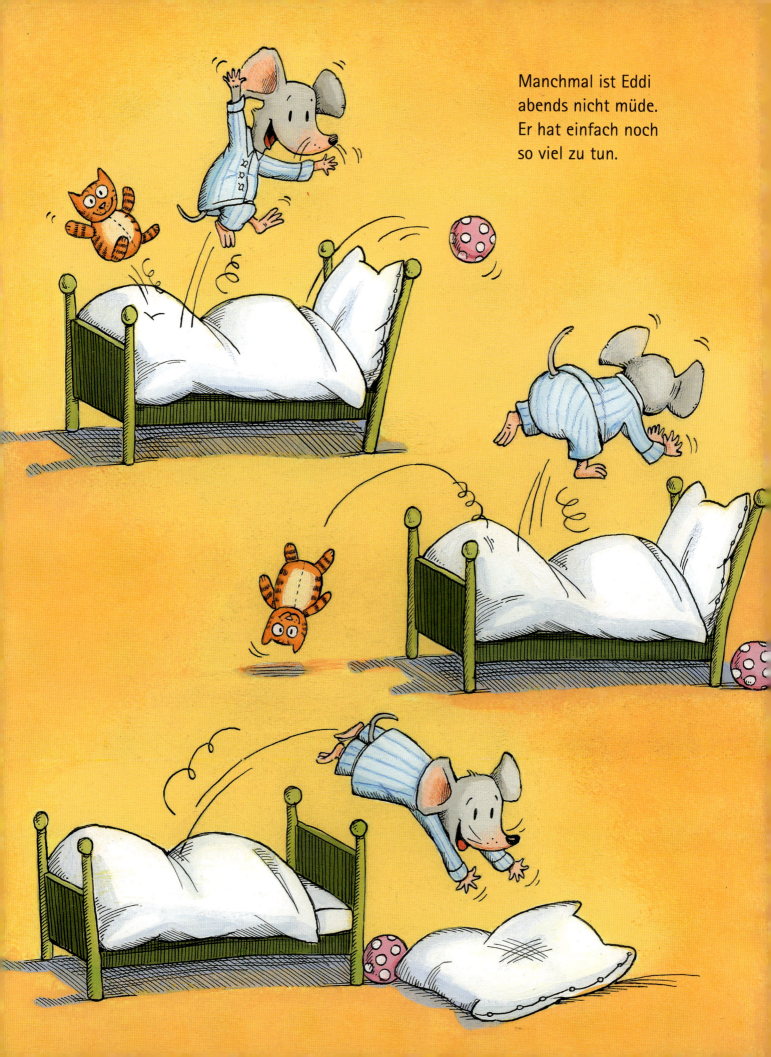
Manchmal ist Eddi abends nicht müde. Er hat einfach noch so viel zu tun.

„Du hast doch versprochen, das Licht auszumachen!", sagt Papa mitten in der Nacht.
Hat Eddi das wirklich? Na ja, kann schon sein. Aber er hat nicht gesagt, wann. Und ganz ehrlich: Es ist doch langweilig, wenn man nachts immer nur im Bett liegt und schläft, meint Eddi. Egal, was man versprochen hat!

Eddi will nicht immer nur zu Hause bleiben. Er möchte draußen was erleben. Das kann doch sicher jeder verstehen!
„Natürlich, mein Liebling", sagt Mama. „Aber sei pünktlich zum Essen zurück."
„Versprochen!", sagt Eddi. Und das meint er wirklich ernst. Denn Eddi hat immer großen Hunger. Und der Hunger wird es ihm schon rechtzeitig sagen, wenn es Zeit ist, nach Hause zu gehen. Da ist Eddi sicher.

Diesmal kann Eddi wirklich nichts dafür, dass er sein Versprechen nicht hält. Es gibt nämlich einen guten Grund, nicht pünktlich zu sein. Der Grund ist groß und heißt Panthea. Dass sie lächelt, hat überhaupt nichts zu sagen!
„Na, Kleiner, einen Schreck gekriegt?", fragt die Katze.
„Keine Sorge, ich tu dir nichts. Ich habe schon gefrühstückt."

Eddi findet das gar nicht lustig. Kann er Panthea vertrauen? Bestimmt nicht. Was ist, wenn sie sich später einfach nicht mehr an ihr Versprechen erinnert? Und behauptet, es niemals gemacht zu haben? Solche Typen gibt es, jawohl! Das weiß Eddi ganz genau.
Aber irgendwann muss er doch nach Hause. Die anderen warten ja auf ihn!

Vielleicht kommt er an Panthea vorbei,
wenn er ganz vorsichtig ist?
Ganz mäuschenleise und winzig klein?
„Stell dich nicht so an", sagt Panthea.
„Ich hab versprochen, ich lass dich
in Ruhe. Und was ich verspreche,
das halte ich auch! Ist doch Ehrensache.
Alles andere wäre gemein."
Dann macht sie die Augen zu und schläft ein.

Eigentlich ist Panthea ganz nett,
denkt Eddi. Zumindest kann man sich auf sie
verlassen. Wenn sie was verspricht, dann
hält sie es wirklich. Ohne Ausreden.
Das findet Eddi gut, sehr gut sogar.
Und was eine Katze kann, kann eine Maus
doch schon lange! Deshalb nimmt Eddi
sich ganz fest vor, genau so zuverlässig
zu werden wie Panthea.

Lottas Stall wird jetzt immer sauber
gemacht. Schmutzige Socken kommen
in den Wäschekorb, und Ludwig
wird nie wieder geärgert.
Ab morgen, ganz bestimmt.
Versprochen!

Christian Seltmann Iris Hardt

Auch Drachen können höflich sein

Ein Benimmbuch für kleine Drachen und Prinzessinnen

Der dicke, kleine Drache und die ganz blonde Prinzessin waren die besten Freunde. Die ganz blonde Prinzessin lebte in einem zauberhaften Schloss, wo sie in einem duftenden Bett schlief. Ganz in der Nähe wohnte der dicke, kleine Drache in einer warmen, muffigen Höhle.

Jeden Tag besuchten sie einander. Mal kam der dicke, kleine Drache ins zauberhafte Schloss, mal schaute die ganz blonde Prinzessin in der muffigen Höhle vorbei. Sie spielten miteinander Ball, oder der dicke, kleine Drache bürstete das lange, ganz blonde Haar der wunderschönen blonden Prinzessin.
Manchmal machten sie sogar zusammen Musik.
Der dicke, kleine Drache packte dann sein Cello aus.
Und die ganz blonde Prinzessin spielte Querflöte.

Aber an manchen Tagen konnten sie sich nicht treffen.
Und zwar immer dann, wenn die ganz blonde Prinzessin
Kleider anprobieren musste.
Oder wenn der dicke, kleine Drache
einen Ritter erschrecken musste.
Dann schrieben sie einander lange Briefe.
Darin versicherten sie sich, wie gern
sie einander hatten.

Eines Tages kam die ganz blonde Prinzessin zur muffigen Höhle des dicken, kleinen Drachen. Sie war sehr aufgeregt. Die Hofschneider hatten der ganz blonden Prinzessin nämlich ein neues rosafarbenes Kleid genäht. Das wollte sie dem dicken, kleinen Drachen zeigen. „Schau mal, dicker, kleiner Drache, ich habe ein neues Kleid. Ist es nicht wunderschön?"

Der dicke, kleine Drache aber hatte einen bösen Schnupfen.
Wenn Drachen einen Schnupfen haben, dann können sie
nicht richtig schnauben. Und wenn Drachen nicht richtig
schnauben können, dann werden sie furchtbar missmutig.
Der schlecht gelaunte, dicke, kleine Drache sah sich das
Kleid also nur ganz kurz an. Dann nieste er. Und schniefte.
Die ganz blonde Prinzessin aber sagte nichts.

Der dicke, kleine Drache wiederum wartete.
Er wartete darauf, dass die ganz blonde Prinzessin
„Gute Besserung!" sagte. Oder wenigstens „Gesundheit!".
Doch das tat sie nicht. Die ganz blonde Prinzessin
war viel zu gespannt, wie dem dicken, kleinen Drachen
ihr neues Kleid gefallen würde: „Nun sag schon",
zappelte sie ungeduldig, „wie findest du mein
neues Kleid? Ist es nicht wunderschön?"

Der dicke, kleine Drache aber war beleidigt, weil die ganz blonde Prinzessin nicht „Gute Besserung!" gesagt hatte. Oder wenigstens „Gesundheit!". Deshalb brummelte der dicke, kleine Drache nur: „Es ist ein rosa Kleid. Du hast doch schon 124 rosafarbene Kleider."
Er war wirklich SEHR schlecht gelaunt.

Die ganz blonde Prinzessin rief entrüstet: „Nein, nein, dicker, kleiner Drache, das ist nicht wahr! Das ist ein ganz anderes Rosa als bei meinen übrigen 124 rosafarbenen Kleidern."
„Hmmmm", brummte der dicke, kleine Drache schnupfig, denn er mochte eigentlich keine Kleider, jedenfalls nicht, wenn sie nicht so schön grün wie sein eigenes Schuppenkleid waren.
„Komm, ich beweise es dir", rief die ganz blonde Prinzessin und schleppte den dicken, kleinen Drachen ins Schloss zu ihrem Kleiderschrank.

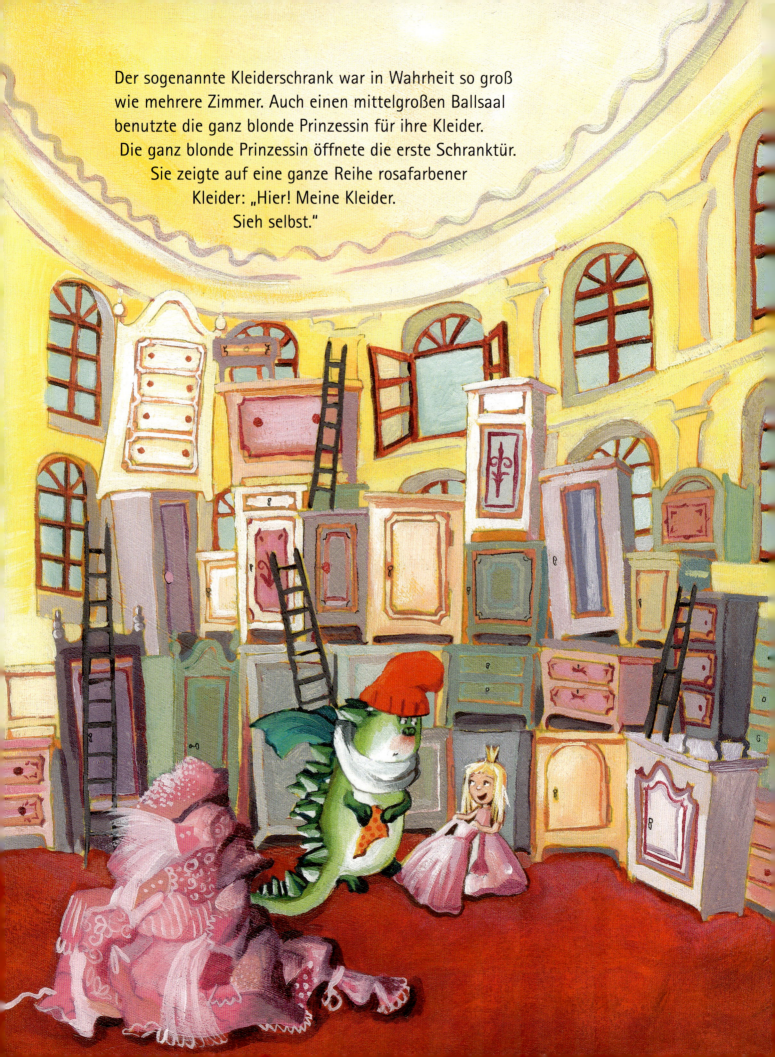

Der sogenannte Kleiderschrank war in Wahrheit so groß wie mehrere Zimmer. Auch einen mittelgroßen Ballsaal benutzte die ganz blonde Prinzessin für ihre Kleider. Die ganz blonde Prinzessin öffnete die erste Schranktür. Sie zeigte auf eine ganze Reihe rosafarbener Kleider: „Hier! Meine Kleider. Sieh selbst."

Der sehr schlecht gelaunte, dicke, kleine Drache nieste. Und wieder sagte die ganz blonde Prinzessin weder „Gute Besserung!" noch „Gesundheit!". Die ganz blonde Prinzessin holte das erste rosafarbene Kleid aus dem Schrank und hielt es dem dicken, kleinen Drachen hin: „Das ist altrosa." Dann zeigt sie ihm das zweite rosafarbene Kleid: „Das ist himbeerfarben." Und dann das dritte: „Das ist fliederfarben."
Der dicke, kleine Drache aber langweilte sich. Als die ganz blonde Prinzessin beim 78. rosafarbenen Kleid angekommen war, sagte der dicke, kleine Drache mürrisch: „Deine Kleider sind mir völlig egal."
Und damit flog er geradewegs zum offenen Fenster hinaus.

Die ganz blonde Prinzessin hörte nur noch das Rauschen seiner Drachenflügel im Wind.
Einfach so davonzufliegen! Das war nicht nett von dem dicken, kleinen Drachen.
Und er hatte das neue Kleid der ganz blonden Prinzessin nicht gebührend gelobt. Das machte die ganz blonde Prinzessin furchtbar wütend.
Ihre Diener schrie sie an.
Mit ihren Kammerzofen wollte sie nicht reden.
Sie mochte niemanden mehr sehen.
Aber sobald die ganz blonde Prinzessin allein in ihrem duftenden Bett lag, weinte sie ein paar leise Tränen.

Der dicke, kleine Drache lag unterdessen missmutig in seiner Höhle und schnaubte traurig die Wände an. Die ganz blonde Prinzessin hatte nicht „Gesundheit!" oder „Gute Besserung!" gesagt, als der dicke, kleine Drache geniest hatte.
Das war nicht nett von der ganz blonden Prinzessin!
Der dicke, kleine Drache schnaubte so lange, bis alle Wände ganz schwarz vom Ruß waren. Drei Tage lang, und schließlich war sein Ärger verraucht.

Als die ganz blonde Prinzessin
drei Tage hintereinander geweint hatte,
waren keine Tränen mehr da. Und auch ihr Zorn
auf den dicken, kleinen Drachen war verflogen.
Nun vermissten sie einander fürchterlich.

Der dicke, kleine Drache machte sich auf den Weg
zum Schloss der ganz blonden Prinzessin.
Und die ganz blonde Prinzessin wollte zur muffigen,
warmen Höhle des dicken, kleinen Drachen.

Sie trafen sich auf der Hälfte des Weges in der Mitte zwischen Schloss und Höhle. Da saßen sie nun und wussten nicht, was sie tun sollten.
Die ganz blonde Prinzessin begann schließlich zu sprechen: „Hallo, dicker, kleiner Drache", sagte sie.
„Hallo, ganz blonde Prinzessin", antwortete der dicke, kleine Drache. Aber dann wussten sie nicht weiter.
„Lass uns reden", schlug die ganz blonde Prinzessin vor.
„Gut", stimmte der dicke, kleine Drache zu.

Die ganz blonde Prinzessin fing an: „Ich wollte dir mein neues Kleid zeigen. Und du hast es einfach nicht beachtet. Das hat mich wütend gemacht."
Der dicke, kleine Drache sagte: „Ich habe geniest. Und du hast nicht ‚Gute Besserung!' gesagt. Oder wenigstens ‚Gesundheit!'. Das hat mich wütend gemacht."
„Aber ich war so aufgeregt. Wegen des neuen Kleids", erklärte die ganz blonde Prinzessin.
„Und ich", meinte der dicke, kleine Drache, „ich war erkältet."
Darüber dachten die beiden eine Weile nach.

Der dicke, kleine Drache sagte schließlich: „Es tut mir leid."
Die ganz blonde Prinzessin musste lachen: „Mir tut es auch leid."
„Dein Kleid steht dir gut", sagte der dicke, kleine Drache.
„Und ist dein Schnupfen nun weg?", fragte die ganz blonde Prinzessin.
Der dicke, kleine Drache nickte und schnaubte ein kleines Flämmchen.
„Alles wieder gut."

Dann fielen sie einander in die Arme.
„Wie blöd wir waren!", sagte die ganz blonde Prinzessin.
„Schrecklich blöd", gab der dicke, kleine Drache zu.
„Schwamm drüber!", rief die ganz blonde Prinzessin.
„Ja! Schwamm drüber!", jubelte der dicke, kleine Drache.
Und sie tanzten im Kreis herum und riefen immer wieder:
„Schwamm drüber! Schwamm drüber! Schwamm drüber!"

Und von da an stritten sie sich nie mehr – jedenfalls fast nie mehr.
Aber wenn die ganz blonde Prinzessin und der dicke, kleine Drache
doch einmal böse aufeinander waren, dann erinnerten sie sich an
diese Geschichte und wie sehr sie einander vermisst hatten und
riefen schnell „Schwamm drüber!".
Dann vertrugen sie sich gleich wieder.

Trau dich, du schaffst es schon!
Drei Bilderbuch-Geschichten vom Mutigsein

Man muss doch keine Angst haben: Der kleine Ritter David wird auf der Reise zu Burg Rabenstein zu Ritter Furchtlos, als er durch die Drachenhöhle muss – und Tilda traut sich, mithilfe der kleinen Fee ganz allein vor allen ein Gedicht aufzusagen. Und auch Nelli ist mutig: Sie schläft zum ersten Mal ganz alleine woanders! Ein Bilderbuch, das Kinder mutig macht.

Ich bin stark und sag laut Nein!
Drei Bilderbuch-Geschichten, die Kinder selbstbewusst machen

Nein, mit Fremden geht Lea niemals mit – und sie kann auch Nein sagen, wenn Tante Maja ihr unbedingt ein Küsschen geben will. Auch Jakob zeigt, dass er stark ist: Er hat keine Angst vor Gewitter oder schlechten Träumen – und weiß genau, was er tun muss, wenn er beim Einkaufen verloren geht. Und Sofie weiß, dass es besser ist, niemanden auszugrenzen, denn nur gemeinsam ist man richtig stark. Diese drei Bilderbuch-Geschichten machen Kinder selbstbewusst!

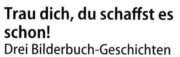

88 Seiten • Gebunden
Durchgehend farbig illustriert
ISBN 978-3-401-70147-9
www.arena-verlag.de

88 Seiten • Gebunden
Durchgehend farbig illustriert
ISBN 978-3-401-70569-9

Aufräumen? Mach ich morgen!
Drei Bilderbuch-Geschichten von Monty Maulwurf

Wenn die Sterne abends funkeln
Drei zauberhafte Gutenachtgeschichten

Monty Maulwurf ist einfach der Größte! Denn mit ihm zusammen wird es nie langweilig. Aber aufräumen? Dazu hat Monty Maulwurf meistens überhaupt keine Lust. Er will viel lieber mit seinen Freunden spielen! Und dabei wird das Kinderzimmer nicht ordentlicher. Zum Glück hat Mama Maulwurf eine tolle Idee ...

Es ist wieder Schlafenszeit – und am Nachthimmel funkeln die Sterne. Plötzlich entdeckt der kleine Bär etwas Wunderschönes: eine Sternschnuppe! Da darf man sich doch etwas wünschen! Ob sein Wunsch wohl in Erfüllung geht? Auch Wölfchen hat viele Wünsche – und einen ganz besonderen Freund, ein Mondschaf, das ihn abends besucht. Und auch Louise mag die Nacht, wenn der Mond zum Fenster hereinscheint und sie im Licht der Sterne die schönsten Träume träumt ...

88 Seiten • Gebunden
Durchgehend farbig illustriert
ISBN 978-3-401-09993-4
www.arena-verlag.de

96 Seiten • Gebunden
Durchgehend farbig illustriert
ISBN 978-3-401-70455-5